SOLENNITÉ

DES

NOCES D'OR

DE M. L'ABBÉ GUIMÉTY,

Chanoine honoraire de Nimes et d'Avignon,
Curé de la paroisse Saint-Charles,

❊ LE 2 AVRIL 1883. ❊

NIMES

IMPRIMERIE LAFARE FRÈRES
Place de la Couronne.

—

1883.

SOLENNITÉ

DES

NOCES D'OR

DE M. L'ABBÉ GUIMÉTY,

Chanoine honoraire de Nimes et d'Avignon,
Curé de la paroisse Saint-Charles,

❦ LE 2 AVRIL 1883. ❧

NIMES

IMPRIMERIE LAFARE FRÈRES
Place de la Couronne.

—

1883.

La paroisse Saint-Charles était aujourd'hui en fête : elle célébrait le cinquantième anniversaire de l'ordination sacerdotale de son vénéré curé, M. l'abbé GUIMÉTY.

Déjà, hier, ses cloches, avec leurs joyeuses volées, avaient annoncé à plusieurs reprises la solennité de ce jour, et les vêpres du dimanche par une coïncidence heureuse, devinrent les premières vêpres de cette grande fête.

L'église avait revêtu une pompe inaccoutumée : de riches tentures recouvraient les boiseries du sanctuaire; de chaque côté de l'autel se dressaient les deux trônes des évêques surmontés de dômes gracieux et ornés des armoiries de chaque prélat; puis, au-dessus des tentures, les murs étaient tapissés des diverses bannières des congrégations paroissiales et du haut des tribunes flottaient les étendards ou les oriflammes des sociétés et des cercles de Saint-Charles. Au fond du sanctuaire étaient des faisceaux d'oriflammes aux couleurs pontificales.

L'autel resplendissait de lumières et était chargé de bouquets où le choix des fleurs le disputait à la délicatesse du goût; çà et là, les emblèmes les plus poétiques des vertus pastorales, et le pavé disparaissait complètement sous une immense et riche moquette, don généreux d'un cœur aussi dévoué que modeste.

M. le Curé officiait, assisté de ses quatre vicaires en chapes ou en dalmatiques, et, comme il est d'usage le premier dimanche d'avril, il présida dans l'intérieur de l'Eglise la procession du Saint-Sacrement appelée « procession de la Festivité », à laquelle prennent part les membres de la fabrique, la maîtrise et le clergé, portant chacun un cierge à la main. Heureux pasteur ! En traversant les rangs pressés de ses fidèles, il répandait sur son peuple de choix les premières bénédictions de son cinquantenaire et semblait d'avance le remercier de tous les témoignages de son dévoûment et de son affection !

Après la cérémonie eut lieu le long défilé de toutes les corporations de la paroisse, aussi empressées les unes que les autres à venir déposer aux pieds du Bon Pasteur le tribut de leur vénération et les vœux de leur reconnaissance filiale. Quel doux échange de sentiments entre les enfants et le père !

Tantôt c'était l'expression mâle et énergique de l'attachement sincère de chrétiens ardents et convaincus ; tantôt c'était la voix d'une jeune enfant qui empruntait à la plus suave poésie ses plus émouvants accents. Et M. le curé Guiméty répondait à tous ces vœux avec cette bienveillance paternelle qui le distingue, trouvant pour chacun le mot qui devait aller droit au cœur. Nous avons vu un vénérable vieillard contemporain de M. Guiméty sortir, les larmes aux yeux, de cette touchante réunion et d'autre part, la joie qui s'épanouissait sur tous les visages redisait, elle aussi, le bonheur de tout ce peuple.

Ce matin, à l'aurore, les cloches ont recommencé leurs enthousiastes ébats, se répondant, pour ainsi dire, les unes aux autres et envoyant dans chaque famille, avec le plus pressant appel, l'annonce de la belle fête de ce jour.

A toutes les messes privées les communions ont été très nombreuses ; l'église paroissiale n'a pas cessé d'être fréquentée par une affluence considérable : témoignage non équivoque d'une affection surnaturelle et éclairée ! A quoi servirait l'expression des vœux même les plus sincères, s'ils n'étaient déposés aux pieds des autels et si le Seigneur n'était pas instamment sollicité de les exaucer !

A neuf heures et demie a été chantée la messe solennelle.

L'église, beaucoup trop étroite pour cette circonstance, était déjà remplie de la foule de ce peuple fidèle, heureux de prendre part aux joies sacerdotales de son pasteur ; de nombreux invités avaient pris place à côté du sanctuaire et dans les diverses chapelles ; nous avons remarqué dans l'assistance toutes les personnes notables de la paroisse et de la ville, parmi lesquelles nous devons nommer M. Ferdinand Boyer, député de Nimes ; M. le comte Jules de Bernis, conseiller général pour le troisième canton ; les présidents et les vice-présidents des cercles et des sociétés de la paroisse, le président de l'Association des anciens Élèves des Frères, une représentation de l'Œuvre du patronage des cercles ouvriers, le président du conseil privé des Conférences de Saint-Vincent de Paul, une délégation de nos communautés religieuses.

MM. les Membres de la fabrique paroissiale occupaient une place d'honneur dans le sanctuaire.

A leur arrivée, Nosseigneurs les évêques de Nimes

et de Montpellier ont été reçus sur le seuil de la porte principale par le clergé, à la tête duquel se trouvait M. le curé Guiméty, revêtu de la chape.

Mgr Besson a fait gracieusement les honneurs de la présidence de la cérémonie à Mgr de Cabrières qui a reçu l'eau bénite et a été encensé.

Le cortège est remonté vers le sanctuaire où le clergé avait des places réservées. Aux stalles, MM. les Membres du Chapitre et MM. les Curés des paroisses de Nîmes; au-devant des stalles et de la Sainte-Table, un grand nombre de chanoines honoraires, de doyens, de chapelains, MM. les Directeurs du Grand-Séminaire et autres membres du clergé du diocèse, tous anciens vicaires, paroissiens ou amis du vénérable Curé; les RR. PP. Récollets, les Frères des Ecoles chrétiennes.

M. Guiméty était assisté de MM. Barnouin et Couran comme diacre et sous-diacre; les autres fonctions du Saint-Sacrifice étaient remplies par des prêtres originaires de Saint-Charles.

Mgr de Cabrières, assisté de M. Clastron, vicaire-général, et de M. Renault, supérieur du Grand Séminaire, a occupé le trône du côté de l'Evangile; sur le trône du côté de l'épître, a pris place Mgr Besson, assisté de M. le chanoine Graffand et de M. Etienne, curé-archiprêtre d'Uzès.

Mgr de Cabrières tenait chapelle.

Une messe remarquable a été admirablement exécutée par le chœur des hommes de la paroisse, sous la direction de M. Lèque et avec l'accompagnement de M. Erchmann.

A l'Evangile, Mgr l'Evêque de Nimes est monté en chaire et a prononcé l'homélie suivante :

Ego sum bonus Pastor,
Je suis le bon Pasteur.

« MONSEIGNEUR (1),

» Ainsi débute l'évangile du bon Pasteur que nous réciterons dimanche prochain et qui a donné son nom au second dimanche après Pâques. Je viens le réciter par avance et en faire le commentaire que le vénérable curé de cette paroisse n'oserait faire lui-même, mais qui s'impose en quelque sorte à nos réflexions pour célébrer dignement l'anniversaire de son sacerdoce et la cinquantième année de son ministère pastoral. Tout le clergé, tout le peuple, tout le diocèse fera avec moi cette homélie, car il n'est personne qui, en songeant au héros de cette fête évangélique, ne le caractérise aussitôt en disant : « Celui-là est vraiment le bon pasteur ».

» Mais où le sait-on mieux que dans cette assemblée respectueuse formée autour de ses cheveux blancs ? Notre chapitre le vénère comme un ancien, nos curés de Nîmes comme un modèle, les dix-huit prêtres sortis de sa paroisse comme un père ; les vicaires qui ont fait sous ses yeux l'apprentissage du saint ministère, lui en rapportent aujourd'hui d'honneur et les fruits ; et, pour mettre le comble à

(1) Mgr de Cabrières, évêque de Montpellier.

tous ces honneurs, un évêque cher au diocèse de Nimes, notre voisin, notre frère, notre ami, a bien voulu présider cet office et donner ici le signal de la prière, de la louange et des actions de grâce. Il est venu s'associer à cette fête par un sentiment de reconnaissance que je ne saurais taire. Sa pensée remonte, en contemplant M. Guiméty à l'autel, à un autre prêtre, du même nom, son oncle et son maître, qui forma par ses exemples le curé de Saint-Charles en gouvernant la paroisse de Saint-Paul et qui fut, pour la noble famille de notre prélat, un directeur habile, un conseiller fidèle, un ami dévoué. Ainsi quand le siècle s'achève, nous retrouvons dans les fêtes et les souvenirs du sacerdoce les bienfaits que le temps n'a pu faire oublier. Ainsi, Monseigneur, vous rappelez les mérites de l'oncle, en vous associant aux joies du neveu. Le second ressemble au premier, la vie de l'un et de l'autre a rempli tout un siècle de leurs douces vertus, et nous avons deux fois raison de leur appliquer l'évangile du bon Pasteur.

» Qu'est-ce que le bon Pasteur ? Jésus-Christ seul a droit de dire : Je le suis. *Ego sum*. Mais, en quittant la terre, il a voulu y laisser des lieutenants de son autorité et des images vivantes de son dévouement. Faibles mortels, nous avons reçu charge et mission de représenter le Verbe fait homme. L'incréé, l'éternel est le seul pasteur unique, vivant et véritable, qui a nourri de sa parole toute l'humanité et qui a versé tout son sang pour la racheter. Mais nous n'en sommes pas moins, après Jésus-Christ, malgré notre faiblesse et notre néant, les vrais pasteurs du vrai bercail, ayant seuls le droit de prendre ce titre, seuls le droit d'appeler à nous les brebis,

seuls le droit de les reconnaître, de les instruire, de
les guider et d'assurer leur salut. Quelque redouta-
ble que soit notre responsabilité, nous ne pouvons
ni la décliner, ni l'affaiblir. Chaque évêque, en se
tenant à la tête de son diocèse, a le devoir de dire :
Je suis le bon pasteur, et chaque curé, placé par
l'évêque à la tête de sa paroisse, est tenu de répé-
ter, non pour s'enorgueillir mais pour observer sa
consigne : *Je suis le bon pasteur.*

» Le bon pasteur ne se forme pas en un jour ni
d'un seul coup. Dieu qui pense à nous de toute
éternité a, de toute éternité, marqué d'un sceau
facile à reconnaître ceux qu'il veut préposer à la
garde du troupeau. C'était autrefois la tribu de
Lévi qui avait seule le privilège et l'honneur de
ce recrutement. Dans la loi nouvelle, toutes les
tribus et toutes les langues sont appelées au sacerdoce. Mais il y a dans chaque langue et dans
chaque tribu des familles bénies, des races sacerdotales, en qui se continue, de génération en
génération, la tradition du sacrifice. Là, le neveu
se forme sur le modèle de l'oncle, et aussi loin
qu'on peut suivre la trace de ce sang généreux,
on trouve des prêtres qui ont honoré le saint ministère par leurs vertus. Telle fut la famille de
votre bon curé. La paroisse de Saint-Martin, dans
les montagnes du Forez, a eu pendant plus de
cent ans des pasteurs du nom de Guiméty. C'étaient,
selon l'ordre de Melchisédech, les ancêtres de
celui que nous saluons aujourd'hui. Bon sang ne
peut mentir. Tant d'exemples si bien enracinés
porteront leur fruit, même dans un siècle incrédule,
et Dieu qui prédestine à la paroisse de Saint-

Charles un bon pasteur, ne lui permet pas d'avoir dans son enfance et dans sa jeunesse, d'autres entretiens que ceux de la foi, du dévouement et de la sollicitude pastorale.

» C'est pour le rapprocher de vous que les soins de la Providence ont placé son berceau à Malaucène. Cependant, comme il appartient au diocèse d'Avignon par sa naissance, au diocèse d'Aix par ses premières études, peut-on imaginer qu'il appartiendra jamais au diocèse de Nimes? Il faut que ses destinées s'accomplissent, et qu'elles l'amènent au milieu de vous. Son oncle, le curé de Saint-Paul, l'appelle auprès de lui. Notre grand séminaire le compte au nombre de ses meilleurs élèves; c'est Mgr de Chaffoy qui verse l'huile sainte sur ses mains. Autant de liens qui l'attachent à nous et qui ne lui permettront plus de s'en séparer : *Triplex funiculus difficile rumpitur.*

» Qu'il aille porter dans le vicariat de Saint-Ambroix les prémices de son ministère, ce n'est qu'une halte de quelques mois. Dieu le ramène à Nimes pour continuer dans le vicariat de Sainte-Perpétue l'apprentissage de la vie pastorale. Là, ce n'est pas seulement aux fidèles de la cité qu'il donne ses soins, ceux du hameau de Saint-Césaire auront aussi une part de ses sollicitudes. Agréable aux grands et aux petits, tout entier au salut des âmes, connu et béni de tous pour sa charité exemplaire, pour sa générosité proverbiale, il est appelé à la cure de Saint-Charles dans toute la maturité de l'âge et de l'expérience, et c'est vous désormais, nos très chers frères, qui allez connaître le bon pasteur : *Ego sum bonus Pastor.*

» Le bon pasteur donne sa vie pour ses brebis, c'est à ce signe qu'on le reconnaît. Dites, que ne vous a pas donné ce vénérable prêtre? Son temps, ses soins, son argent, son cœur, tout vous appartient. Ce n'est pas au presbytère qu'il réside, c'est plutôt à la sacristie pour être plus près de son Dieu et plus à portée de son peuple. Ici il est tout à tous, du matin jusqu'au soir. On l'aborde sans embarras, il écoute le récit des peines les plus cruelles, on lui fait les plus délicates confidences, on ne le quitte point sans emporter d'ici les uns un conseil, les autres une aumône, tous une bénédiction. Voilà la vie du bon pasteur : se donner pour se donner encore et se donner toujours : *Bonus Pastor animam suam dat pro ovibus suis.*

» Que n'a-t-il pas donné ? Demandez-le aux religieuses du Refuge qui vénèrent en lui leur plus insigne bienfaiteur. Demandez-le aux religieuses de Saint-Thomas de Villeneuve qu'il a appelées au gouvernement d'une maison si difficile à établir, si coûteuse à soutenir, si féconde en heureux résultats. Là vivent, tranquilles et honorées, sous le patronage du Curé de Saint-Charles, trente dames chrétiennes, que la modestie de leurs ressources aurait laissées dans la gêne si elles étaient isolées, et qui, réunies en communauté, goûtent, dans la liberté et dans la paix, les charmes de la vie commune. Vous irez plus loin, ô mon vénérable ami, vous procurerez aux hommes le même bienfait. Je ne sais si je trahis un des secrets de votre grande âme, mais je sais que ce noble projet est déja mûr dans vos pensées, je sais que vous l'exécuterez avec l'ardeur prudente qui caractérise tous vos desseins, je sais que vous y mettrez les derniers restes de votre patrimoine et de vos épargnes. Telle est la vie du bon pasteur : *Bonus Pastor animam suam dat pro ovibus suis.*

» Vous les connaissez toutes, les brebis de votre bercail. Je vois ici les enfants baptisés de vos mains, les adolescents que vous avez présentés à la table sainte, les époux dont vous avez béni l'alliance, les vieillards qui mettent en commun leurs souvenirs avec les vôtres, et qui marchent derrière vous, animés par vos exemples et soutenus par vos espérances, dans le sentier de la vie éternelle. Vous les connaissez tous, et vous savez comment il faut les exhorter et les reprendre, les ranimer et les soutenir, les aborder au jour de la prospérité ou de la disgrâce, aller s'asseoir sans détour au lit de leur douleur et leur montrer, d'un geste ferme et consolant, le ciel promis à la pénitence aussi bien qu'à la vertu : *Et cognosco meas.*

» Vos brebis vous connaissent : *et cognoscunt me meæ.* Elles connaissent votre mansuétude, votre prudence, votre discrétion, votre charité. Que ces vertus soient l'entretien de la ville et du diocèse, ce n'est pas tout encore. Pourquoi ne dirais-je pas que dans tous les lieux où notre bon curé a passé, dans ceux mêmes où on ne le connaît pas, mais où l'on a connu ses parents et son nom, il y a des pauvres, des affligés qui espèrent en lui, il y a des pasteurs qui l'implorent pour leur paroisse, des hommes de bien qui veulent l'associer à leurs bonnes œuvres. Le curé de St-Martin dans le Forez ne l'a jamais vu, mais il n'a cessé de recevoir des marques de sa générosité. Un jour, une réponse attendue tardait un peu. Le curé s'adresse à l'évêque de Nimes, il demande ce qu'est devenu son cher abbé Guiméty, le bienfaiteur de cette paroisse lointaine, s'il est mort, s'il est malade, car il ne saurait expliquer autrement son silence. Je le rassure, mais votre bon Curé le rassure encore mieux, et une large aumône, vient bientôt lui apprendre que le Curé de Saint-Charles sera toujours le bienfaiteur de la paroisse de Saint-Martin. Voilà comment on connaît au loin notre vénérable ami et comment il a lui-même, jusque dans les lieux qu'il ne connaît pas, des clients, des obligés, des brebis chères à son cœur : *et cognosco meas et cognoscunt me meæ.*

» La parabole du bon Pasteur s'appliquera jusqu'à la fin au modeste héros de cette fête. Il y a des brebis qui n'appartiennent point à son bercail : *et alias oves habeo quæ non sunt ex hoc ovili.* Elles en sont éloignées bien plus par la faute de leurs pères que par leur propre rébellion. Il le sait, il se dit souvent que c'est à lui de les ramener : *et illas oportet me adducere.* Il le dit à Dieu dans la prière et dans le Saint-Sacrifice. Il va, toutes les fois que sa charité lui en fournit l'occasion, vers cette portion séparée du troupeau de Jésus-Christ. Il va, le front noble et serein, les yeux pleins de douceur, les lèvres comme illuminées d'un paternel sourire. O frères séparés, vous ne redoutez point ni son approche, ni son commerce ; vous rendez à ses vertus un juste et unanime témoignage, vous vénérez comme nous le vénérable Curé de Saint-Charles. Témoin l'accueil que vous lui faisiez dans les commissions charitables, quand vous demandiez ses conseils pour l'administration des bureaux de bienfaisance et des hospices. Témoin la justice qu'il aimait à rendre à vos bonnes intentions et à vos généreux efforts. Témoin le bien qui s'opérait en commun dans ces assemblées. Témoin l'espoir qu'elles nous donnaient de conquérir à la vérité nos frères séparés, de les conquérir par l'ascendant de la charité et de la vertu. Ah ! quand nous sera-t-il donné de voir tomber toutes les barrières ! Quand n'y aura-t-il plus à Nimes qu'un seul troupeau et un seul pasteur : *et fiet unum ovile et unus pastor.*

» Notre Evangile ne nous permet ce noble espoir qu'à la condition de signaler le mercenaire à qui les brebis n'appartiennent pas, et de chasser les loups qui menacent de les dévorer. C'est le danger de tous les siècles et de tous les pays. Jusqu'à la consommation des temps, il sera ordonné au bon pasteur de veiller, de crier, de s'armer de toutes les ressources du zèle et de la charité contre les loups dévorants. Mais cette vigilance est devenue aujourd'hui la qualité essentielle du bon pasteur. Non, mon vénérable ami, malgré votre âge, malgré vos services, malgré vos mérites, il ne vous est pas permis de vous reposer. De tout ce que vous avez fait pour ce temple, pour cette paroisse, pour les maisons de refuge, il ne resterait rien si vous ne preniez de l'enfance et de la jeunesse un soin plus tendre et plus paternel encore. L'enfance est menacée dans sa foi, car l'école publique ne lui enseigne plus la foi de ses pères. A l'œuvre donc ! toujours à l'œuvre, vétéran du sanctuaire, à l'œuvre pour bâtir un asile à l'enfance menacée. C'est pourquoi le curé de Saint-Charles plante, fonde et bâtit toujours. C'est pourquoi mardi dernier, nous avons chanté pour ainsi

dire les premières vêpres de cette fête en allant
bénir, sur sa demande, une salle d'asile établie dans
sa paroisse, où les petits enfants de ce quartier vont
apprendre à épeler le nom de Dieu dans leurs livres
et à le chanter dans leurs prières. Voilà le cadeau
jubilaire que le curé de St-Charles fait à sa paroisse ;
voilà comme il aime dans les petits enfants la famille qu'ils vont continuer, l'église qu'ils serviront
dans le siècle futur, la France dont ils seront les
prêtres, les citoyens et les soldats. Ah ! loin d'ici
les mercenaires qui méditent d'acheter nos brebis !
loin d'ici les loups qui rugissent autour du bercail
pour les dévorer !

» C'est à vous que je m'adresse en finissant, fidèles et dévoués paroissiens de Saint-Charles. Vous
méritiez un tel curé, et votre curé, était digne
de voir une telle fête. Votre réputation est l'honneur même de mon diocèse et de ma ville épiscopale. Quand l'étranger s'arrête un jour dans nos
murs, il demande à voir votre quartier qui est célè-
bre, dans toute la France, par sa fidélité séculaire
et qui fournit, même dans les romans du siècle,
des pages émues au peintre de nos mœurs. Nous
n'avons pas nous-même de plus douce joie que de
conduire nos hôtes dans vos rues, et quand ils
voient vos fronts se découvrir, les mères s'agenouil-
ler, les enfants se tourner vers nous pour solliciter
notre bénédiction, ils se sentent gagnés par l'émotion qui nous domine, un sourire éclate sur leurs
lèvres, une larme brille dans leurs yeux, ils sont
en face d'un peuple chrétien, et ils déclarent heureux, deux fois heureux, l'évêque qui vous gouverne
et le curé qui vous donne depuis tant d'années ses

soins, sa vie, tout lui-même. Mais ni votre évêque, ni votre curé, en jouissant de ce bonheur, ne sauraient en garder pour eux la moindre gloire, et ils s'écrient en remerciant le ciel : Heureux le peuple qui possède de tels biens ! Heureux le peuple sur qui règne le Seigneur : *Beatum dixerunt populum cui hœc sunt. Beatus populus cujus est Dominus Deus ejus !* »

Nous ne saurions dépeindre l'émotion de toute cette foule, heureuse d'entendre une parole si éloquente se faire l'interprète de ses sentiments : Dieu exaucera les prières du Pontife et des fidèles.

A l'Offertoire, le pain bénit a été offert par MM. les membres de la fabrique.

Nous devons encore signaler le motet exécuté par le chœur de la paroisse après l'élévation.

Enfin la bénédiction pontificale donnée par Mgr de Cabrières a terminé cette touchante solennité.

Nous ne devons pas omettre de féliciter MM. les organisateurs de cette imposante cérémonie : les moindres détails avaient été prévus avec une rare précision et tout s'est passé, malgré l'affluence considérable, dans l'ordre le plus parfait. Le comité d'initiative a droit à nos plus sincères remercîments.

MM. Edmond Cabiac et Augustin Verd ont fait avec distinction, aux nombreux invités, les honneurs des places réservées.

La plus grande partie de notre tâche est accomplie ; il ne nous reste qu'à dire un mot du banquet qui a été offert, à l'issue de la messe, à Nosseigneurs les Evêques et à M. le curé Guiméty.

Ce banquet a eu lieu au couvent de Saint-Charles,

dans une vaste salle ornée de tentures, d'écussons
et des armoiries épiscopales. Plus de cinquante prêtres y ont pris part.

Au dessert M. l'abbé Edmond Chapot, qui, depuis
quinze ans, vit à côté de M. Guiméty, a porté la santé
de son vénéré Curé et, sous une poétique allégo-
rie, a retracé le tableau des vertus et des mérites
du Bon Pasteur.

« MESSEIGNEURS,

» Permettez-moi d'ajouter ma faible parole aux
éloquents hommages qui ont rehaussé l'éclat des
Noces d'Or du vénérable M. Guiméty. Il ne m'appar-
tenait pas de redire les sentiments de profond respect, de vive reconnaissance ou de filiale affection
qui animent nos cœurs. Le Comité organisateur de
la fête avait choisi M. l'Archiprêtre d'Uzès, pour
interpréter les vœux de tout ce clergé, réuni autour
de deux Evêques, qui sont la gloire de la cité, de
la Patrie et de l'Eglise. Mais, par excès de modestie, M. l'abbé Etienne a décliné cette honorable
mission. Il a cru que les quinze années de mon
ministère, passées auprès de M. le Curé de Saint-
Charles, me donnaient le droit et m'imposaient le
devoir, dans cette circonstance solennelle, de relier
le passé avec le présent et de vous rappeler les
mérites de ce bon Pasteur. Je me garderais bien de
refuser cet honneur, qui me fournit ainsi l'occasion
de remercier Mgr l'Evêque de Nimes, dont la haute
bienveillance, en me laissant vivre à côté de ce
prêtre modèle, m'a permis de former mon sacerdoce
à l'école de la sage expérience, de la délicate vertu
et de la parfaite charité.

» Monsieur le Curé,

» Si la Charité apparaissait sur la terre, si Elle voulait contracter une intime alliance avec le Sacerdoce, Elle se montrerait à nos regards revêtue des charmes et des attraits qui pourraient lui gagner tous les cœurs et lui conquérir notre plus profonde admiration. Elle choisirait une famille chrétienne, riche des dons de la fortune, plus riche encore des trésors de la foi. Elle se placerait auprès d'un de ces vétérans du sacerdoce, modèle accompli du zèle apostolique, entouré de toutes les sympathies. Elle voudrait avoir, à ses côtés, des exemples d'abnégation et de dévouement pour l'instruction des enfants du peuple. Elle se plairait à attirer sur les prémices de son apostolat les bénédictions des docteurs de l'Eglise et la protection des grandes héroïnes de la foi. Elle se choisirait un peuple en harmonie avec ses sentiments, ardent dans les mêmes convictions et accessible à ses bienfaits, pour lui consacrer une longue vie de dévouement et de sacrifice.

» Si la Providence, pour la consoler de grandes douleurs, mettait sous sa main généreuse d'abondantes ressources, Elle donnerait un libre cours à son zèle pour la maison de Dieu ; Elle offrirait des protectrices et un asile aux plus délicates infortunés ; Elle multiplierait les abris tutélaires de l'enfance et de la jeunesse ; Elle s'efforcerait de contribuer à l'agrandissement et à l'ornementation du temple du Seigneur; Elle serait patiente, au milieu des contradictions , bienfaisante à l'égard des malheureux. Elle serait douce envers tous ceux qui l'approcheraient ou qu'elle se choisirait comme auxiliaires. Elle ne s'enflerait point d'orgueil, ne serait point ambitieuse, et la perspective des plus grands honneurs ne pourrait jamais la détacher de son affection pour son peuple. Elle se réjouirait d'annoncer la vérité et de favoriser les manifestations de la foi. Elle demanderait aux Anges gardiens de veiller sur les mères chrétiennes, à Marie Immaculée de protéger les filles pieuses et au Dieu de l'Eucharistie de fortifier davantage les plus vaillants chrétiens. Ses œuvres, ses vertus, ses mérites exciteraient un tel amour dans tous les cœurs que son peuple ne voudrait jamais voir finir son règne.

» Telle serait, il me semble, Messieurs, sur cette terre, l'alliance de la Charité avec le Sacerdoce. Et si cette alliance devait s'appeler d'un nom qui résumât tous ses attraits, ce nom, tandis que je parlais, est monté de votre cœur à vos lèvres : je le salue avec vous de mes hommages les plus respectueux et de mes vœux les plus sincères. Je bois à la santé de M. Guiméty. »

M. le Curé a répondu :

« MESSEIGNEURS,
» MESSIEURS ET CHERS CONFRÈRES,

» Je suis confus des honneurs extraordinaires dont vous me comblez en ce jour, et j'ai besoin, pour ne point en être accablé, de me souvenir que c'est le sacerdoce catholique, dont ma cinquantième année de prêtrise vous rappelle les augustes fonctions et les sublimes prérogatives, que vous voulez honorer en moi.

» Quant aux éloges personnels que Mgr de Nimes, dans sa bonté et dans son affection de Père, a bien voulu me décerner, je dois les reporter, pour être juste, sur deux hommes qui ont puissamment contribué par les exemples qu'ils m'ont donnés et par les ressources qu'ils m'ont fournies, à faire le peu de bien qui m'a valu ses éloges. L'un, qui fut long-temps Curé de Saint-Paul, me prit avec lui dès l'âge le plus tendre et fut pour moi le modèle de toutes les vertus sacerdotales. Pendant plus de trente ans que j'eus le bonheur de vivre auprès de lui, j'admirai constamment sa fervente piété, son dévoûment à ses ouailles, son extrême bonté et sa générosité peu commune ; sa fortune, relativement considérable, il la versa tout entière dans le sein des pauvres. Aussi put-il inscrire, dans son testament, ces paroles dont le souvenir s'est profondé-ment gravé dans mon esprit et dans mon cœur : « Mon successeur s'apercevra bientôt qu'on ne » s'enrichit à Saint-Paul que des bénédictions des » pauvres ».

» Son nom, qui pendant sa vie était synonyme de bonté, est resté vivant dans bien des familles et notamment dans celle dont Mgr de Cabrières est le digne et le noble représentant, et s'il s'est montré lui-même si bon, si rempli d'attention et de déli-catesse à mon égard, je le dois, sans doute, à son excellent cœur dont il m'a donné tant de preuves, mais je le dois surtout au nom que je porte. Qu'il daigne recevoir l'expression de ma vive reconnais--sance pour l'honneur qu'il a bien voulu me faire en

venant assister, malgré ses nombreuses occupations,
à cette fête de famille.

» Celui qui, après mon oncle, fut ma providence
sur la terre, c'est mon frère aîné, qui, après avoir
acquis par son industrie et son intelligence une
fortune honorable, se faisait un bonheur de la partager avec les diverses bonnes œuvres auxquelles
on l'intéressait. Ma paroisse dont il était l'insigne
bienfaiteur ne l'a pas oublié. S'il m'a laissé une
partie de son avoir, c'est qu'il savait que prêtre et
curé j'entrerais dans ses vues charitables et que par
les bonnes œuvres que j'en ferais, j'attirerais sur
son nom et sur sa mémoire les bénédictions de Dieu
et des hommes. C'est aux ressources qu'il m'a fournies qu'est due la création de l'asile qui nous abrite
en ce moment et de la salle d'asile que Monseigneur
a daigné bénir ces jours derniers. C'est à lui aussi
qu'est due la magnifique chapelle de Saint-Joseph,
son patron, que possède l'église Saint-Charles et la
coopération que j'ai pu donner aux embellissements
de ma paroisse. Puis-je en ce jour solennel ne pas
payer un tribut de reconnaissance à ces insignes
bienfaiteurs et ne pas leur renvoyer les éloges dont
Monseigneur s'est montré si prodigue à mon égard ?

» Je remercie de tout cœur mes anciens vicaires
qui ont bien voulu quitter quelques instants leurs
paroisses auxquelles leur présence est si utile, pour
venir entourer de leur sympathique affection celui
qui se souvient avec bonheur de la coopération plei-
ne de zèle et de tact qu'ils lui prêtèrent autrefois.
Merci à mes vicaires actuels qui ont organisé avec
une délicatesse si touchante cette fête de famille.
Merci à M. l'abbé Chapot qui vient de se faire l'élo-

quent interprète des sentiments de piété filiale et de cordiale affection des uns et des autres, dont il est en quelque sorte le trait d'union, puisqu'il veut bien consacrer encore à la paroisse les loisirs que lui laissent ses nombreuses prédications et m'aider ainsi à supporter les fatigues de ma charge pastorale. Merci à tous les prêtres originaires de la paroisse qui, par leurs ferventes prières, attirent sur mon ministère les bénédictions de Dieu en faveur de leurs parents et de leurs compatriotes qui vivent sous ma direction et font la joie de leur pasteur.

» Merci à mes bien-aimés confrères et à tous les prêtres vénérables qui m'ont fait l'honneur de s'associer à la fête de mon sacerdoce ; qu'ils veuillent bien se souvenir devant Dieu de celui qui conservera toujours dans son cœur les sentiments d'affection et de gratitude qu'il leur doit. Merci surtout à vous, Messeigneurs, dont je ne pourrais jamais reconnaître les excessives bontés, même par le dévouement le plus complet et le respect le plus profond. »

Mgr de Cabrières s'est alors levé : il a rappelé avec à-propos le souvenir du grand Evêque qui fut le fondateur de Saint-Charles et à qui l'un de ses grands-oncles dut le titre d'archidiacre ; il a exprimé tout son bonheur d'avoir pu s'associer à une semblable cérémonie et de revoir un clergé qu'il lui semble n'avoir jamais quitté ; il a remercié Mgr l'Evêque d'avoir mentionné dans son discours les rapports qui unissent sa famille au nom de M. Guiméty et d'avoir ainsi immortalisé sa reconnaissance.

Chacune de ces paroles était soulignée par de

chaleureux applaudissements et c'est sous le charme
de cette belle éloquence du cœur que les convives
se sont séparés.

Le soir, à Saint-Charles, même affluence que le
matin ; toutes les places étaient occupées dans la
nef, les chapelles, le sanctuaire et les tribunes
privées et publiques; l'illumination de l'église et
de toutes les chapelles présentait le plus beau
spectacle.

Après les chants des complies, M. l'abbé E. Chapot
est monté en chaire.

Rappelant d'abord les Noces de Cana, en Galilée,
l'orateur a tiré le meilleur parti de ce souvenir bibli-
que et en a appliqué tous les détails à la solennité
du jour : il a élargi ensuite son horizon et consi-
dérant dans les honneurs rendus à M. Guiméty un
hommage adressé au sacerdoce lui-même, il a
exposé sur le sacerdoce les plus justes considéra-
tions : le prêtre était hier, et c'est pourquoi les bienfaits dont il a comblé son peuple doivent provoquer
la reconnaissance; il est aujourd'hui, et c'est lui qui
est la cause de notre joie ; il sera demain, et le respect que nous lui devons ne fera que croître et se
développer. On comprend toutes les applications
judicieuses que permettait le développement de ce
plan et combien elles ont pu provoquer l'attention
et attirer l'affectueuse sympathie de cet immense
auditoire.

M. l'abbé Chapot a terminé son discours par
une émouvante prière dans laquelle il demandait
au Seigneur de le tenir attaché longtemps encore à
un si tendre père et de conserver de nombreuses

années ce bon Pasteur au troupeau dont il est tant aimé.

A l'issue du sermon, le chœur de la congrégation a exécuté une ravissante *Cantate* dont la musique est l'œuvre de M. Erchmann, maître de chapelle.

Le chœur des hommes a chanté, à son tour, un motet de circonstance, ainsi que le *Tantum Ergo*, et la cérémonie s'est terminée par la bénédiction du Très Saint-Sacrement.

M. le curé Guiméty officiait entouré de la plupart des prêtres qui avaient assisté à la messe solennelle ; quoique sous le poids de l'émotion et des fatigues d'une longue journée, le vénérable Curé était plein de force et d'énergie ; il semblait rajeunir et nous permettait ainsi d'espérer que la Providence lui réserve encore de longs jours au milieu de son excellent peuple.

NOTICE HISTORIQUE

SUR LA

PAROISSE SAINT-CHARLES

tirée des documents fournis par **M. Goiffon**. (1)

Une famille est heureuse et fière de connaître son origine
et ses ancêtres, alors surtout que cette origine est honorable
et que ces ancêtres ont laissé un précieux souvenir. Au moment de célébrer ce centenaire de la bénédiction de l'église
Saint-Charles, j'ai cru vous être agréable en vous faisant
l'historique de la paroisse ; vous connaîtrez ainsi votre origine et vos devanciers dont vous pouvez être fiers.

Pendant de longs siècles, la ville de Nîmes fut desservie
par une seule paroisse, la cathédrale ; mais lorsque, la population augmentant, on eut bâti, pour la loger, hors des murs
d'enceinte, on sentit la nécessité d'établir de nouvelles églises
où se fît le service divin et paroissial, afin que les nouveaux
habitants ne fussent pas privés des secours spirituels. C'était
d'autant plus nécessaire que, les portes étant fermées pendant
la nuit, les fidèles étaient exposés à mourir sans sacrements.
Plusieurs évêques de Nîmes se préoccupèrent de cet état de

(1) M. le curé Guiméty nous a exprimé le désir de faire suivre
le compte-rendu de la solennité de ses « Noces d'or » de cette
« Notice historique sur la paroisse Saint-Charles » dont il est l'au-
teur et qu'il lut à la grand'messe du haut de la chaire, le dimanche 19 novembre 1876, jour du centenaire de la bénédiction de
son église paroissiale. Il a voulu ainsi, sans doute, à côté de ses
œuvres qu'on rappelle et des éloges qui lui sont décernés, rappeler lui-même les œuvres de ses vénérables prédécesseurs et leur
décerner les louanges que mérite leur mémoire ; nous n'avions
pas le droit de refuser à sa modestie ce qu'elle paraissait vouloir
réclamer comme un dédommagement.

chose si préjudiciable au bien des âmes ; mais aucun plus que Mgr Cohon ne prit des moyens plus efficaces pour le faire cesser. Sa sollicitude s'éveilla d'une manière particulière sur le faubourg des Prêcheurs qui était le plus populeux : il renfermait les Bourgades et une partie de l'Enclos de Rey. Aussi, à la suite d'une visite que fit ce prélat au prieuré de Saint-Baudile, voyant que le service divin ne pouvait plus s'y faire et que d'ailleurs il était trop éloigné des habitations, il obligea le prieur, à qui incombait le soin des âmes qui étaient sous sa juridiction, de faire construire une chapelle dans ce quartier et d'y attacher uu prêtre qui remplirait les fonctions curiales, depuis la Fontaine jusqu'au chemin d'Avignon et à la rue Notre-Dame.

Les Pères Augustins s'offrirent pour faire ce service. Ils s'en acquittèrent, en effet, de 1660 à 1666, époque à laquelle ils furent remplacés par les Doctrinaires qui étaient déjà établis dans le faubourg des Prêcheurs. Mgr Cohon leur confia, outre le service religieux de la paroisse, le soin de son séminaire diocésain. Les Doctrinaires se livrèrent avec ardeur à cette double mission. Le séminaire se plaça bientôt à la hauteur des meilleurs du royaume, et la paroisse fut, dès les premiers jours, florissante.

Ils établirent dans leur église, du titre de la Nativité de la Ste Vierge, la confrérie du Saint-Sacrement, qui leur procura des fidèles pour porter le dais lorsqu'on allait administrer le Saint-Viatique aux malades. Ce fut Mgr Fléchier qui lui donna des statuts et règlements, à la suite d'une visite qu'il fit dans cette église, qui n'était qu'une simple salle de vingt-huit mètres de long sur neuf de large, avec une chapelle de la Croix du côté de l'Epître. Mgr La Parisière visita aussi cette église le 23 décembre 1723. La paroisse comptait alors 4.000 habitants, dont plus de la moitié étaient de nouveaux convertis. Ce fut vers cette époque que les Doctrinaires voulant réunir en confrérie les femmes et les filles, établirent la congrégation de l'Ange-Gardien, qui eut, dès le principe, des associées dans tous les quartiers de la ville. Le 2 décembre 1772, Mgr de Becdelièvre érigea la paroisse en cure inamovible sous le titre de Saint-Charles au

lieu de celui de Saint-Baudile qu'elle portait précédemment.
Comme la chapelle du séminaire où se célébrait l'office divin
était tout à fait insuffisante pour la nombreuse population du
faubourg, Mgr de Becdelièvre, toujours attentif aux besoins
de ses ouailles, s'occupa de la construction d'une nouvelle
église. L'emplacement fut marqué dans le jardin même des
Doctrinaires. Sous l'influence de l'Évêque, le Chapitre de la
cathédrale, en sa qualité de gros décimateur, s'engagea à
fournir douze mille francs pour la construction de la nouvelle église paroissiale ; le maire, les consuls et les conseil-
lers politiques acceptèrent les engagements du Chapitre et
votèrent les autres fonds nécessaires. Mais la caisse munici-
pale ne pouvant subvenir à cette dépense, l'affaire aurait
subi d'interminables délais, si Mgr de Becdelièvre n'avait
offert de se charger de tous les frais qui incombaient à la
ville. Le creusement des fondations commença le 13 août
1774, et les travaux se poursuivirent sans interruption ; ils
étaient très avancés au commencement de l'année 1776.
L'évêque s'occupa alors de l'ameublement de l'église : il fit
faire le maître-autel et la chaire qui ont été conservés provi-
dentiellement pendant la Révolution ; il commanda à Rome le
tableau du sanctuaire représentant S. Charles donnant la
communion aux pestiférés, qui est encore un de nos plus
beaux ornements ; il plaça quatre confessionnaux et pour-
vut la tour du clocher de quatre cloches. Sur les cent mille
francs que coûta l'église, la ville n'eut guère à compter que
six mille francs, le Chapitre en paya douze, tout le reste,
c'est-à-dire 82 mille francs, furent fournis par Mgr de Becdelièvre. Faut-il s'étonner que le souvenir de cet évêque soit
resté vivant dans la paroisse Saint-Charles, et que son nom,
qu'il lui a donné, n'y soit prononcé qu'avec le plus profond
respect et la plus vive reconnaissance ?

Le portrait de ce généreux prélat tenant à la main le plan
de l'édifice est conservé à la sacristie.

La nouvelle église fut solennellement bénite le samedi 23
novembre 1776, et le lendemain dimanche, Mgr de Becdelièvre y célébra la première messe, pendant laquelle les fidèles
reconnaissants priaient pour leur insigne bienfaiteur.

Le R. P. Coujon était curé de la paroisse lorsque se fit la bénédiction ; le Père Maurel, qui en fut nommé titulaire au mois de juin 1790, n'y était que depuis quelques jours lorsqu'eureut lieu les scènes de dévastation, de pillage et de massacre connues dans notre histoire sous le nom de BAGARRE. A Saint-Charles et au Séminaire, le sang ne coula pas, les Doctrinaires avaient eu le soin de se cacher dans leur clocher ; mais une bande armée envahit leur maison et la saccagea.

Lorsque la Révolution, continuant son œuvre, eut exigé le serment schismatique des prêtres, le Père Maurel le refusa courageusement et resta cependant à la tête de la paroisse jusqu'à l'arrivée de l'évêque constitutionnel ; alors il se retira dans son pays, à Barcelonette ; puis il émigra à Turin où il mourut dans le couvent des Saints-Apôtres. Le supérieur de la maison écrivit alors à une famille de Nimes que leur ami avait fait la mort d'un bienheureux.

Pendant la Révolution, l'église servit de dépôt pour l'artillerie et on y installa des forges. Elle devint ensuite la propriété d'un pieux paroissien qui l'acheta au prix de 50 fr. pour la rendre plus tard au culte divin. Le souvenir de cette action généreuse et pieuse est conservé sur le tableau des fondations de la paroisse où le nom de M. Marchat est inscrit pour plusieurs messes de mort à perpétuité.

Pendant les intervalles de tranquillité qu'eût la religion à cette époque néfaste, MM. Nicolas et Pagès exercèrent les fonctions curiales dans la paroisse Saint-Charles ; ils se cachaient lorsque les mauvais jours revenaient. La Providence veilla sur eux d'une manière spéciale.

La signature de M. Bonhomme paraît, pour la première fois, dans les registres de la paroisse, le 27 juillet 1797. Né le 1er janvier 1759, à Saint-Laurent-des-Arbres, près de Roquemaure, il était entré fort jeune dans la congrégation des Doctrinaires ; la Révolution le trouva professeur au collège de Tarascon. Il refusa le serment schismatique et s'embarqua pour l'Italie en 1792. Mgr de Balore, évêque de Nimes, de retour de l'exil, le nomma, en 1800, curé de la paroisse Saint-Charles, et c'est en cette qualité qu'il signa les registres à partir du 12 juillet 1801.

Les paroisses ayant été reconstituées, à la suite du concordat, celle de Saint-Charles fut rangée parmi les cures cantonales de première classe, et M. Bonhomme y fut maintenu et installé solennellement le 30 janvier 1803.

M. Bonhomme avait trouvé son église daus un état de complet dénuement; la piété et la générosité des paroissiens lui permirent de faire de larges dépenses et de réparer les nombreux ravages causés par la Révolution. Il y fit même des embellissements que nous remarquons encore aujourd'hui. C'est à lui que l'on doit la boiserie du sanctuaire. Dans l'intérêt spirituel de ses paroissiens, il rétablit les anciennes congrégations du Saint-Sacrement et de l'Ange-Gardien. Quelques années plus tard, on dut à M. Bonhomme d'avoir dans la paroisse Saint-Charles les classes des Frères de la Doctrine chrétienne et celles des Sœurs de Saint-Maur. M. Bonhomme s'acquit par sa bonté, son dévouement, son énergie, une popularité qui lui permit, dans la suite, d'exercer une très grande influence sur les masses; et il usa de la considération dont l'entouraient les diverses autorités dans l'intérêt de ses paroissiens et du reste de la population, notamment en 1815 et en 1830.

Mgr de Chaffoy, arrivé depuis quelques années à Nimes, dont le siège épiscopal venait d'être rétabli, conçut le dessein, et l'exécuta, de faire donner des missions dans sa ville épiscopale et dans le reste de son diocèse. Ce fut en 1826 qu'eut lieu la mission de Saint-Charles comme celle des autres paroisses de la ville. Elle fut prêchée par les oblats de Marie, alors appelés missionnaires de Provence; ils avaient à cette époque une maison sur Saint-Charles. Cette mission occasionna de nombreux retours aux pratiques religieuses; le clergé paroissial recueillit une bonne part de ces précieuses conquêtes. Le souvenir en fut consacré par la plantation d'une croix monumentale, que les désordres civils de 1830 firent enfermer quatre ans après dans l'église, à la place qu'elle occupe encore. Un autre souvenir de la mission, et celui-ci n'a souffert aucune atteinte, c'est l'érection de la congrégation dela Sainte-Vierge, sous le titre de l'Immaculée-Conception.

M. Bonhomme recueillait, pendant les dernières années de sa vie, les fruits de son zèle et de son dévouement; il était aimé et vénéré comme le meilleur des pères; aussi, lorsque les glas funèbres annoncèrent sa mort, des larmes amères coulèrent de tous les yeux; ses ouailles désolées et la ville entière l'accompagnèrent à sa dernière demeure, et son nom est resté comme un pieux souvenir au sein de sa paroisse. Il avait été quarante-quatre ans curé de Saint-Charles; il mourut le 25 juillet 1844.

M. Aillaud, qui depuis dix-huit ans secondait le zèle et partageait les travaux de M. Bonhomme, fut choisi par Mgr Cart pour lui succéder. Déjà connu dans la paroisse Saint-Charles par son caractère doux et affable, son inépuisable charité et sa tendre piété, il fut accueilli avec bonheur par la population. L'administration de la paroisse lui fut d'autant plus facile qu'il n'eut qu'à continuer les traditions de son vénérable prédécesseur. N'ayant d'autre ambition que celle de remplir fidèlement ses devoirs de pasteur, M. Aillaud comptait finir ses jours au milieu du troupeau qui avait eu les prémices de son sacerdoce. La Providence en disposa autrement. Il y avait à peine cinq ans qu'il était curé de Saint-Charles, lorsque Mgr Cart l'appela à la Cure de la Cathédrale. Quoique son passage à Saint-Charles eût été très rapide, il eut néanmoins le temps de doter l'église d'un orgue, et de faire des démarches actives pour l'agrandissement de l'édifice sacré. Les regrets de son départ furent adoucis par la facilité que l'on avait de le voir et de recourir à ses sages conseils.

Je devrais m'arrêter là de notre histoire paroissiale; les convenances sembleraient l'exiger, puisque désormais je vais me trouver mêlé à tous les faits qui vont y être consignés. Mais n'y serez-vous pas vous-mêmes, n'est-ce pas vous qui les avez accomplis ? Nous la poursuivrons donc avec simplicité après nous être écriés avec le Prophète-Roi : « Faites, Seigneur, éclater votre gloire, non pas pour nous, mais pour votre nom. **Non nobis, Domine, non nobis.** »

Nommé par Mgr Cart à la Cure de Saint-Charles, le 6 décembre 1849, je fut agréé le 5 janvier 1850 par le gouvernement, et installé le 13 du même mois par M. le chanoine

Privat. Le même jour, M. Aillaud était installé à la Cathédrale. J'avais de trop beaux modèles dans mes prédécesseurs pour ne pas essayer de marcher sur leur traces et de continuer le bien comme les œuvres qu'ils avaient commencées.

L'agrandissement de l'église réclamé par MM. Bonhomme et Aillaud eut un commencement d'exécution en 1854. Le Conseil municipal fit l'achat du terrain nécessaire pour le prolongement du chœur et l'ouverture de la rue Robert, et, par suite, de l'isolement de l'église, on put, dès ce moment, faire construire une partie des dépendances qui procurèrent la salle des répétitions, la bibliothèque paroissiale et le grenier des chaises; ces nouvelles constructions nous permirent de transporter les fonts baptismaux dans une chapelle du côté de l'Evangile, comme le prescrivent les règles liturgiques, et d'établir à la place un autel en l'honneur de S. Joseph. Déjà les diverses chapelles de l'église, grâce à la générosité des fidèles, avaient été ornées de boiseries et de nouveaux autels. Ces restaurations, bien entendues, firent de notre église un lieu de prière fort convenable, mais le principal changement restait à faire.

Après les instances réitérées du conseil de fabrique, le Conseil municipal, sur la proposition que lui en fit M. Paradan, alors maire de Nîmes, vota les fonds nécessaires pour l'agrandissement du sanctuaire. L'adjudication des travaux fut faite le 10 décembre 1864 et on se mit aussitôt à l'œuvre. La construction fut conduite avec une sage lenteur nécessitée par les précautions à prendre pour ne pas ébranler l'ancien bâtiment, dont la solidité était un peu compromise. Ces nouvelles constructions nous procurèrent l'avantage de pouvoir agrandir nos sacristies et surtout de créer une magnifique salle, la chapelle Sainte-Agnès, destinée aux catéchismes de persévérance. Le nouveau sanctuaire fut inauguré le 23 février 1867, au milieu d'un nombreux concours de fidèles. L'excellent M. Aillaud, toujours plein d'attachement pour Saint-Charles, voulut partager notre bonheur en assistant à cette bénédiction.

Je ne parlerai pas des diverses dévotions introduites, dans ces derniers temps, dans la paroisse, au Sacré-Cœur, à S. Joseph et à S. Pierre, qui ont fait un très grand bien aux hommes et aux femmes. Je ne parlerai pas non plus de l'établissement de la messe des hommes et des catéchismes de persévérance qui ont produit des fruits merveilleux de sanctification ; je ne dirai rien non plus de la restauration du sanctuaire de Saint-Baudile qui a ramené parmi nous le culte de cet illustre protecteur de la Cité.

Rendons à Dieu, qui a inspiré toutes ces choses, la gloire qui lui appartient et payons un juste tribut de reconnaissance à ceux dont il a bien voulu se servir pour opérer toutes ces œuvres. Ayons un souvenir, une prière spéciale pour Mgr Cohon qui érigea notre faubourg en paroisse, pour Mgr de Becdelièvre qui fit construire presque entièrement à ses frais ce sanctuaire dont nous allons célébrer le Centenaire, pour M. Bonhomme qui en fut le restaurateur après la Révolution. Je vous demande aussi un souvenir dans vos ferventes prières pour M. Aillaud et pour moi, dont la vie, depuis vingt-sept ans, est mêlée à la vôtre.

Puisse ce rapide récit contribuer à vous faire aimer de plus en plus notre église où se sont opérés les principaux et les plus précieux évènements de notre vie ! Prions-y avec ferveur et recueillement. Soyons des paroissiens fidèles et dévoués.

Continuons à mériter les éloges qui nous ont été faits par plusieurs évêques de Nîmes et faisons revivre dans notre conduite nos pères dont la foi était proverbiale. C'est le meilleur souhait que je puisse vous faire, c'est le plus grand bonheur que vous puissiez me procurer.

Nîmes. — Imp. Lafare frères, pl. de la Couronne.